COUR DE CASSATION

(CHAMBRES RÉUNIES)

Audiences des 25 et 26 mars 1856.

Présidence de M. le premier président TROPLONG

LE PROCUREUR-GÉNÉRAL D'AIX CONTRE BRUN ET PALUN.

CONCLUSIONS

DE M. LE PROCUREUR-GÉNÉRAL DE ROYER

Suivies de l'arrêt de la Cour.

Les dispositions de l'article 6 de la loi du 27 juillet 1849 sont générales et absolues.

Elles ne sont pas limitées, comme celles des lois antérieures, à ceux qui font métier ou profession du colportage ; elles s'étendent à tout individu qui colporte ou distribue des livres, des écrits, des brochures, des gravures ou des lithographies, quels que soient la qualité ou l'intérêt du distributeur, le caractère accidentel ou non de la distribution.

L'expression générique ÉCRITS, employée dans cet article, doit être entendue dans le sens large que lui ont toujours attribué les lois préventives, elle embrasse tous les écrits, quelles qu'en soient la forme et l'étendue ; elle s'applique spécialement aux listes de candidats distribuées pour les élections municipales.

La dispense d'autorisation que l'article 10 de la loi du

16 juillet 1850 accorde à la distribution des circulaires et des professions de foi des candidats, signées et déposées au parquet du procureur impérial, ne peut être étendue à aucun écrit autre que ceux limitativement spécifiés dans cet article.

Messieurs,

Les élections du conseil municipal d'Avignon ont eu lieu le 15 juillet 1855. Les sieurs Brun et Palun ont été surpris ce jour-là distribuant, sans autorisation, aux électeurs, sur la place de l'Hôtel-de-Ville, des listes imprimées contenant les noms de trente-deux candidats. Ces imprimés ne portaient ni signature, ni indication du nom de l'imprimeur. Le nombre des listes saisies sur l'un des prévenus ne s'élève pas à moins de quatre cents.

Le Tribunal correctionnel d'Avignon a condamné Brun et Palun à 16 fr. d'amende, par application de l'article 283 du Code pénal, pour distribution de bulletins ne portant pas de nom d'imprimeur, mais il les a renvoyés de la prévention de distribution d'écrits sans autorisation du préfet, délit prévu par l'art. 6 de la loi du 27 juillet 1849. Le Tribunal de Carpentras a confirmé ce jugement sur l'appel du ministère public, et, le 27 septembre dernier, votre chambre criminelle a cassé le jugement du Tribunal de Carpentras, pour fausse interprétation et violation de l'art. 6 de la loi du 27 juillet 1849.

L'arrêt de la chambre criminelle pose en principe que la loi de 1849 ne fait aucune distinction relative à la nature et au caractère des écrits, et il en conclut que les listes de candidats distribuées par Brun et Palun constituent des écrits dont la distribution était soumise à l'autorisation du préfet.

La Cour impériale d'Aix a jugé comme le Tribunal de Carpentras et contrairement à la doctrine de l'arrêt de la chambre criminelle.

Le système de l'arrêt attaqué se réduit à ces deux propositions : « La remise aux électeurs d'une liste de candidats ne constitue pas la distribution prévue par l'art. 6 de la loi du 27 juillet 1849. Dans tous les cas, sous l'art. 10 de la loi du 16 juillet 1850, comme sous l'art. 2 de la loi du 21 avril 1849, les simples bulletins électoraux peuvent être distribués librement et sans autorisation. »

Il existe entre l'arrêt de votre chambre criminelle et l'arrêt que vous défère M. le procureur-général près la Cour impériale d'Aix une contrariété de doctrine positive et manifeste, et la compétence de vos chambres réunies ne saurait être contestée. La question s'est cependant élargie, et je m'en applaudis, dans une circonstance où il y a des principes à fixer, des droits à limiter, des préoccupations à éclairer et à calmer.

L'article 6 de la loi du 27 juillet 1849 doit être pris et discuté dans son ensemble, à tous ses points de vue. Quel est le mode de distribution qu'il atteint ? Quel est le sens, quelle est la portée du mot *écrit* dans une loi de cette nature ? Dans quelles limites se renferme l'exception relative aux écrits électoraux ? Telles sont les trois questions que j'ai le devoir d'examiner et dont la solution conduit nécessairement à la cassation de l'arrêt de la Cour d'Aix.

Aux termes de l'article 6 de la loi du 27 juillet 1849 : « tous distributeurs ou colporteurs de livres, *écrits*, brochures, gravures et lithographies, doivent être pourvus d'une autorisation du préfet, sous peine d'un emprisonnement d'un mois à six mois et d'une amende de 25 fr. à 500 fr. »

Le principe de l'autorisation en cette matière n'a pas été créé par la loi de 1849. Il remonte à l'article 290 du Code pénal de 1810, qui exigeait l'autorisation de la police pour « tout individu exerçant le métier de crieur ou d'afficheur d'écrits imprimés, etc. » Il n'est pas inutile de suivre à cet égard la marche de la législation.

La révolution de 1830 se laissa d'abord entraîner, comme toutes les révolutions, à repousser certaines entraves qui sont, en toute chose, la condition et la règle de la liberté et auxquelles l'expérience des faits et du gouvernement ne tarde pas à ramener les hommes politiques. L'article 2 de la loi du 10 décembre 1830 avait substitué, pour la profession de crieur et de distributeur d'écrits, la simple formalité d'une déclaration à la garantie de l'autorisation municipale. La loi du 16 février 1834 revint bientôt à l'autorisation préalable. Le rapporteur de la loi, M. Persil, présentait cette autorisation comme « le seul moyen de remédier aux scandaleux inconvénients qu'avait fait naître la liberté ou plutôt l'abus de laisser tout vendre et tout crier sur la voie publique par toutes sortes de personnes. » Il n'hésitait pas à étendre l'obligation de se munir d'une autorisation jusqu'à « l'auteur lui-même qui se transporterait sur la place pour crier, vendre ou *distribuer* son propre écrit » (1).

On ne manqua pas alors de réclamer, comme aujourd'hui, une exception en faveur des élections. Voici comment la commission, par l'organe de son rapporteur, repoussait cette exception :

« On a fait une autre objection que votre commission a encore soigneusement discutée ; on a dit que ce serait donner le monopole à l'autorité, et l'investir du droit de faire crier, vendre et *distribuer* les écrits à l'exclusion de tous autres et notamment de ceux qni lui seraient opposés. On a ajouté qu'à l'époque des élections, l'exercice de ce droit serait dangereux, puisqu'il pourrait favoriser un candidat, en lui fournissant des moyens de distribution d'écrits qui seraient refusés aux autres.

« Cette objection n'a été faite qu'en vue de Paris et qu'à cause des délégations de la police municipale accordées à l'administration. Eh bien ! dans ce cas encore, cette crainte ne serait pas fondée, parce que, d'une part, la police n'a pas d'autre intérêt que celui de la ville, et que, de l'autre, s'exerçant sous les yeux du gouvernement et des chambres, il est à croire qu'elle sera assez soigneuse de sa responsabilité pour éviter de la compromettre. Le droit que le projet veut lui donner est beaucoup moins important que ceux qu'elle exerce sur les personnes et sur la voie publique, et comme on ne propose pas et qu'il n'est pas possible de les lui retirer, il faut bien admettre celui-ci comme une conséquence des autres »(2).

La jurisprudence a constamment appliqué l'article 1er de la loi du 16 février 1834 à tout écrit quelconque, *abstraction faite du caractère de l'écrit*. C'est ainsi que la Cour de Paris renvoyait devant le Tribunal correctionnel un domestique, prévenu d'avoir distribué, sans autorisation, des *adresses imprimées annonçant une table d'hôte* (3).

La révolution de 1848 est arrivée. On sait avec quels excès et quels débordements se produisit, à ce moment, sur la voie publique, la distribution d'écrits de toute nature. La loi du

<hr>

(1) Chambre des députés, séance du 3 février 1834.

(2) Chambre des députés, séance du 3 février 1834.

(3) Cour royale de Paris, 13 janvier 1835, Ch. d'acc., S. V. 35, 2, 11.

16 février 1834 n'avait pas été abrogée. Dès le 19 août 1848, un arrêté de M. le préfet de police Ducoux en visait le texte et en réglementait l'exécution. Mais ce qui avait pu suffire en présence du suffrage restreint, devenait insuffisant et incomplet en présence du suffrage universel proclamé par la Constitution de 1848. Le colportage des livres et des écrits avait envahi nos villes et nos campagnes, répandant les plus funestes doctrines, s'adressant aux intelligences les moins préparées, excitant partout les passions et l'esprit d'anarchie. La prévoyance du législateur devait suivre la marche des faits sociaux. La loi du 27 juillet 1849 fut votée ; son article 6 avait précisément pour but de répondre aux exigences d'une situation nouvelle.

Plus général que l'article 290 du Code pénal et que les lois du 10 décembre 1830 et du 16 février 1834, il n'atteignait plus seulement la profession de distributeur ; il s'adressait au fait, même accidentel, de la distribution ou du colportage (1). Il ne restreignait plus l'étendue de son action à la voie publique, il réglait, selon les expressions d'un de vos arrêts, « toute distribution publique d'écrits à titre *gratuit* ou *onéreux, au dehors* ou *à domicile* (2). »

Tel est le sens général, et absolu que la loi du 27 juillet 1849 a entendu donner au mot *distribution.* Tel est le sens que la jurisprudence lui a invariablement reconnu.

Les dispositions de l'art. 6 ne sont ni moins générales ni moins absolues, en ce qui concerne le mot *écrits* placé à côté des mots *livres* et *brochures.*

L'*écrit*, imprimé ou non, c'est toute pensée manifestée par le signe extérieur de l'écriture.

Cette expression, qui n'est pas nouvelle dans le langage légal, ne peut pas avoir, dans la loi de 1849, une portée plus restreinte et plus limitée que dans les lois qui l'ont précédée.

---

(1) 15 février 1850, arr. cass., rapp. M. de Boissieux (lettre du représentant Noël Parfait), Bull. crim. — 6 juin 1850, arr. cass., rapp. M. Rives (lettre distribuée par son auteur), Bull. crim. — 25 juin 1852, C. cass., rapp. M. Rocher (affaire Bocher), Bull. crim. — 16 novembre 1855, arr. cass., rapp. M. Sénéca (listes de candidats aux élections municipales), Bull. crim.

(2) 23 avril 1850, C. cass. (ch. crim.), rapp. M. de Boissieux (distribution d'un écrit par un peintre-vitrier, dans son domicile, à l'aide d'une annonce), Bull. crim.

Si cette dernière loi n'a pas reproduit à la suite du mot *écrits* l'énumération détaillée qu'on trouve dans l'article 283 du Code pénal, et qui se termine par ces mots : *ou autres imprimés*, c'est qu'elle a évidemment et justement considéré que l'expression générique *écrits* embrassait forcément tout écrit autre qu'un *livre* ou une *brochure*.

Votre jurisprudence a déjà consacré, dans le sens le plus général, l'interprétation de l'article 6 ; elle en a même étendu les dispositions aux *médailles*, qui n'y sont pas expressément désignées, mais qui sont nommées dans l'article 16 (1). Dans tous les cas, elle déclare ces dispositions applicables sans distinction à toute distribution d'écrits, « *quelles que soient la nature ou la forme, l'étendue ou la brièveté des écrits* (2). » C'est précisément au sujet de listes de candidats aux conseils de prud'hommes ou aux conseils municipaux que sont intervenues ces dernières décisions.

Cette doctrine, qui repousse toute distinction là où la loi n'a pas distingué, n'a pas été spécialement et exclusivement provoquée par la loi sur le colportage. Elle a son principe et sa justification dans tout un ensemble de dispositions et de jurisprudence analogues.

Aux termes des articles 14 et 16 de la loi du 21 octobre 1814, les imprimeurs sont tenus de *déclarer* et de *déposer* au ministère de l'intérieur tout écrit imprimé par eux. Aux termes des articles 15 et 17 de la même loi, ils sont tenus d'indiquer leur *nom* et leur *demeure* sur tout *ouvrage* imprimé par eux.

La jurisprudence a eu à fixer, pour la loi de 1814 comme pour la loi de 1849, le sens du mot *écrits* et le sens du mot *ouvrage*. Elle a invariablement proclamé que « l'obligation pour l'imprimeur d'indiquer son nom et sa demeure sur tout *ouvrage* sorti de ses presses est générale et absolue; qu'elle ne peut être subordonnée au plus ou moins d'étendue de l'*ouvrage* (3) et qu'elle s'applique sans distinction à tout *écrit*

---

(1) 6 septembre 1851, arr. cass., rapp. M. Vincens Saint-Laurens, Bull. crim.

(2) 20 mai 1854, arr. cass., rapp. M. Jallon (élections de prud'hommes), Bull. crim. — 16 novembre 1855, arr. cass., rapp. M. Sénéca (élections municipales), Bull. crim.

(3) 3 juin 1836, arr. cass., rapp. M. Mérilhou; 16 août 1839, arr. cass., rapp. M. Vincens Saint-Laurent (annonce d'une découverte relative à l'art de guérir), Bull. cr.

imprimé et publié, même aux écrits désignés sous le nom de *bilboquets* et *ouvrages de ville* (1). » Tout récemment, le 11 janvier 1856, un arrêt de la chambre criminelle, rendu au rapport de M. Vaïsse, a eu à appliquer ces principes à des bulletins électoraux imprimés pour les élections municipales de Biozat. Il l'a fait en des termes que je dois rappeler, parce qu'ils posent très-judicieusement la question et qu'ils fixent avec autant de précision que de fermeté le caractère du bulletin électoral.

« ... Attendu, dit l'arrêt, que, d'après l'ensemble, l'économie et l'esprit de la loi du 21 octobre 1814, relative à la police de la presse, le peu d'étendue d'un écrit ne peut être un motif pour dispenser l'imprimeur de ses obligations, alors qui l'écrit, au lieu de se rapporter à des faits ou à des intérêts purement privés de famille, touche à des intérêts d'administration, de police ou de politique ;

« Attendu que le *bulletin électoral* a un caractère évidemment politique et d'intérêt public ; que le décret organique du 2 février 1852 sur les élections et la loi du 5 mai 1855 sur l'organisation municipale donnent la désignation de ceux qui sont déclarés indignes d'être élus ; que, puisque le législateur a cru devoir prendre des précautions et des mesures contre l'indignité de certaines candidatures, il importe que l'administration puisse porter sa surveillance sur l'impression des bulletins électoraux.....

« Par ces motifs,

« La Cour casse et annule, etc. »

Si ces principes sont vrais et incontestés en ce qui concerne l'application de la loi du 21 octobre 1814, ils le sont, par une inévitable conséquence, pour les cas régis par l'art. 6 de la loi du 27 juillet 1849. L'une de ces solutions conduit à l'autre ; et, cependant, la cause qui nous occupe présente cette bizarrerie que le Tribunal d'Avignon a considéré la distribution du même écrit, comme tombant sous l'application de l'article 283 du Code pénal, qui punit la distribution d'*écrits* sans nom d'imprimeur et comme affranchie des dispositions de l'art. 6 de la loi du 27 juillet 1849 qui oblige tous distributeurs d'*écrits* à se pourvoir d'une autorisation préalable.

---

(1) 5 juillet 1845, arr. cass. rapp. M. Rocher (note imprimée), Bull. cr...

Quoi qu'il en soit, l'arrêt attaqué de la Cour d'Aix invoque une exception en faveur de la distribution des bulletins électoraux pendant la période électorale. Il faut examiner cette exception avec toute l'importance et toute la gravité que comportent les principes et les droits auxquels elle prétend se rattacher.

La Cour d'Aix fonde son système : 1° sur l'art. 2 de la loi du 21 avril 1849, sous l'empire de laquelle la loi du 27 juillet 1849 a été votée ; 2° sur l'art. 10 de la loi du 16 juillet 1850, qui a remplacé la loi du 21 avril 1849.

L'art. 2 de la loi du 21 avril 1849 était ainsi conçu :

« Pendant les quarante-cinq jours précédant les élections générales, tout citoyen pourra, sans avoir besoin d'aucune autorisation municipale, afficher, crier, distribuer et vendre tous journaux, feuilles quotidiennes ou périodiques, et *tous autres écrits ou imprimés relatifs aux élections*. Ces écrits ou imprimés autres que les journaux doivent être signés de leurs auteurs.

« Ces écrits ou imprimés, autres que les journaux, devront être déposés dans chaque arrondissement au parquet du procureur de la république, avant qu'on puisse les afficher, crier, vendre ou distribuer, etc., etc. »

La Cour remarque que la dispense d'autorisation portait dans cette loi sur *tous les écrits ou imprimés relatifs aux élections*. C'est un point essentiel à retenir dans la discussion.

Il ne faut pas non plus perdre de vue les circonstances dans lesquelles cette disposition, ainsi généralisée, a été votée. L'Assemblée constituante allait faire place à l'Assemblée législative. L'élection du 10 décembre 1848 avait manifesté la marche et les tendances de l'opinion du pays. Une partie des membres de l'Assemblée constituante se voyaient menacés dans les élections générales. Personne n'a oublié les incidents et les résistances qui marquèrent la transition d'une assemblée à l'autre. Chacun se rappelle les luttes que le président du conseil des ministres eut alors à subir, et dans lesquelles il sut s'élever, pour la défense des vrais intérêts du pays, à la plus grande hauteur que sa carrière politique ait jamais atteinte. L'art. 2 de la loi du 21 avril 1849 est demeuré l'expression de ces sentiments de lutte et de défiance. Cela est si vrai, qu'il ne fut adopté dans la commission que par 9 voix contre 6, et qu'il ne passa dans l'Assemblée qu'à une majorité de 17 voix. Il y fut. vivement combattu par M. Léon Faucher, ministre de l'intérieur, qui n'hésita pas à dire de la loi du 16 février 1834 « qu'elle était destinée, non pas à troubler la liberté, mais à la protéger (1). »

Cette observation faite sur l'origine et les inspirations politiques de l'art. 2 de la loi du 21 avril 1849, il faut se hâter de dire que cet article n'a aucune application dans la cause; qu'il n'y a rien à en tirer en faveur du système de l'arrêt attaqué.

D'abord la loi du 21 avril 1849 est aujourd'hui expressément abrogée par l'art. 11 de la loi du 16 juillet 1850. Mais, en outre, tant qu'elle a existé, elle n'a régi que les élections *parlementaires générales* ; elle n'a jamais été applicable ni aux élections accidentelles ou partielles, ni aux élections municipales et départementales. C'est ce qu'indiquaient suffisamment son texte et sa discussion. C'est ce qu'ont décidé deux de vos arrêts, le 12 janvier 1850 et le 14 février 1851 (2).

Mais ce qu'il faut retenir, dans le procès, de la disposition de l'art. 2 de la loi du 21 avril 1849, c'est qu'avant d'être abrogée par la loi du 16 juillet 1850, cette disposition avait été politiquement et moralement condamnée dans la discussion de la loi du 27 ujillet 1849 ; c'est qu'on fit d'ardents efforts pour introduire dans la loi nouvelle et définitive l'exception trop générale qu'avait admise une loi transitoire et passagère, et que tous ces efforts demeurèrent sans résultat. Le principe posé par l'art. 6 prévalut énergiquement et fit successivement repousser les exceptions qu'on invoque aujourd'hui.

Ecoutons d'abord sur ce point, à la séance du 17 juillet 1849, le rapport de M. Combarel de Leyval :

« Il a été proposé dans le sein de la commission de vous soumettre une disposition précise portant exception en faveur de la publication et de la distribution des circulaires électorales et des écrits relatifs aux élections....

« .... Tout le monde reconnaît les abus auxquels a donné lieu la loi du 21 avril dernier, et, lorsque cette loi sera soumise à une révision, ce sera le lieu de préciser et de sagement

---

(1) Séance du 20 avril 1849.

(2) 12 janvier 1850, arr. cass; — 14 février 1851, C. cass., rapp. M. Faustin Hélie., Bull. cr.

limiter les exceptions aux lois générales que comporte et né-
cessite la sincérité des élections (1). »

Ainsi, comme je le disais tout à l'heure, non seulement la
commission ne veut pas consacrer, dans la loi du 27 juillet
1849, l'exception écrite dans l'art. 2 de la loi du 21 avril 1849
qui existe encore, mais elle proclame les motifs de son refus.
La loi du 21 avril 1849 a donné lieu à des abus que tout le
monde reconnaît. La révision de cette loi est désormais nécessaire. Les exceptions que peut réclamer la sincérité des
élections devront être *précisées et sagement limitées.*

Là se trouvent, pour le dire en passant, l'origine et la règle d'interprétation de l'art. 10 de la loi du 16 juillet 1850,
dont l'examen viendra plus tard.

Mais les efforts vainement tentés dans la commission se re-
produisent dans l'Assemblée.

C'est d'abord M. Pascal Duprat qui propose d'ajouter à
l'article 6 un paragraphe ainsi conçu : « Les dispositions précédentes ne sont pas applicables aux distributions de circulaires électorales et autres écrits relatifs aux élections. »

Le rapporteur, M. Combarel de Leyval, monte à la tribune.
Il demande « ce que c'est qu'un écrit relatif aux élections ?
quelle en sera la limite ? où elle commencera et où elle finira ? »
Il ajoute : « Si, par une exception comme celle que vous vou-
lez introduire, vous venez dire que tous les écrits relatifs aux
élections pourront circuler par les colporteurs, sans que
ceux-ci soient tenus aux formalités, aux prescriptions de la
loi, c'est comme si vous disiez que toutes ces formalités que
vous établissez vous-même seront nulles et de nul effet. (C'est
vrai !) » (2).

M. Baroche ne s'élève pas avec moins de force contre l'a-
mendement. « Il faut vouloir sérieusement ce qui a été voté,
dit-il, et puisque vous avez pensé que le colportage, dont les
effets ont été si déplorables depuis quelque temps, devait être
soumis à des mesures qui en paralysassent les abus, il faut
que vous rejetiez l'article qui vous est proposé, car, encore
une fois, cet article n'est autre chose que l'anéantissement des
dispositions que vous venez de voter... »

Il se passe alors quelque chose de plus significatif encore.

---

(1) Séance du 17 juillet 1849.

(2) Séance du 26 juillet 1849.

L'auteur de l'amendement, M. Pascal Duprat, en sacrifie lui-même la partie la plus compromise pour essayer de sauver l'autre. Il réduit l'amendement à ces termes : « Les dispositions précédentes ne sont pas applicables aux distributeurs de circulaires électorales parlementaires. » Les mots « et autres écrits relatifs aux élections » ont disparu : mais le sacrifice est inutile et l'amendement est rejeté.

Le lendemain on tente de gagner, sur l'article 7, la bataille perdue sur l'article 6.

MM. Nettement et E. Leroux proposent « d'excepter des dispositions des articles 6 et 7 (c'est-à-dire d'affranchir de l'autorisation du préfet et du dépôt au parquet) les circulaires électorales distribuées dans les quinze jours qui précéderont les élections parlementaires, soit générales, soit partielles, et dans les circonscriptions où le vote sera ouvert. »

M. Odilon Barrot, président du conseil, combat la proposition en ces termes, au nom du gouvernement :

« Qu'arriverait-il si la disposition qu'on propose maintenant pouvait passer ? C'est que c'est précisément à ce moment où les populations sont enlevées au calme habituel de leurs travaux, de leurs habitudes domestiques, où elles sont mieux préparées à recevoir toutes ces publications, où il y a déjà une certaine excitation politique au milieu d'elles, c'est à ce moment-là que l'on inondera nos campagnes de toutes ces publications auxquelles on donnera le caractère et l'apparence de circulaires électorales. Est-ce que nous ne l'avons pas vu ? Est-ce que nous n'avons pas vu que tous les appels à la violence, que toutes les excitations à la haine, que toutes les attaques contre toutes les bases de la société étaient dissimulées sous l'apparence de circulaires électorales, d'adresses aux électeurs ? Est-ce que nous n'avons pas vu que c'est au moment de l'élection qu'on en a inondé le pays ? La disposition qu'on vous propose, si elle était adoptée, ne servirait qu'à une chose : à rendre plus efficace et plus dangereuse cette action du colportage, en la concentrant à un moment donné, en la plaçant au moment où elle est le plus à redouter, où elle trouve les passions le plus excitées. (Très-bien !)

« A ce moment-là, le colportage n'a pas grand'peine à prendre le masque de l'élection, à se dissimuler sous l'apparence d'une distribution d'adresses électorales. Est-ce que tout le monde n'est pas électeur et candidat dans ce moment-là ? Il n'y a donc qu'une étiquette à mettre, et votre loi est déchirée...

« Je comprends que l'Assemblée choisisse entre le rejet de la mesure qu'elle a adoptée hier, son abnégation absolue ou son maintien ; mais, si elle reconnaît la mesure nécessaire, il faut qu'elle la veuille sérieuse et efficace (Très-bien ! très-bien !) (1). »

Le rapporteur se joint à l'opinion du gouvernement, et l'amendement de MM. Nettement et E. Leroux succombe sous une majorité de 88 voix.

Vous le voyez, non seulement les termes généraux de l'article 6 de la loi du 27 juillet 1849 ne se prêtent pas à l'exception qu'on voudrait introduire, mais c'est volontairement, sciemment, en complète connaissance de cause, que le législateur a deux fois repoussé l'exception deux fois proposée sous des formes diverses.

Cependant la loi du 21 avril 1849, dont le but principal était la prorogation du décret du 9 août 1848 jusqu'au 1er août 1849, existait encore. L'art. 8 de la loi du 27 juillet 1849 proroge de nouveau ce décret jusqu'à la promulgation de la loi organique sur la presse, maintenant ainsi le caractère transitoire et du décret lui-même et de la loi du 21 avril.

La loi organique sur la presse ne vint point ; mais la loi du 16 juillet 1850, sur le cautionnement des journaux et le timbre des écrits périodiques, se chargea de mettre fin à cet état provisoire, et son art. 11 prononça l'abrogation expresse du décret du 9 août 1848 et de la loi du 21 avril 1849.

Voici en quels termes l'exposé des motifs, présenté par M. le garde des sceaux Rouher, expliquait la nécessité de l'abrogation de cette dernière loi :

« Il convient d'abroger en même temps la loi du 21 avril 1849. C'est encore une loi sur le cautionnement des journaux ; mais elle renferme, en outre, une disposition importante, celle qui permet d'afficher et de colporter librement toute espèce d'écrits pendant les quarante-cinq jours qui précéderont les élections générales.

« Que l'on doive laisser toute liberté pour l'envoi des listes électorales et des professions de foi des candidats, c'est ce qui ne peut être contesté par personne. Mais qu'à propos des élec-

____

(1) Séance du 27 juillet 1849.

tions, il soit donné cours au colportage de toute espèce d'écrits et que l'on facilite l'appel aux passions mauvaises, précisément à l'époque où toutes les passions sont le plus excitées, c'est ce que la raison ne peut admettre. Il nous a donc semblé impossible de laisser subsister cette disposition de la loi du 21 avril 1849... (1). »

Le projet du gouvernement abrogeait en effet la loi du 21 avril 1849 et ne la remplaçait par aucune disposition applicable aux élections. Ce fut la commission qui présenta l'article 10 de la loi auquel j'ai hâte d'arriver et qui est ainsi conçu :

« Pendant les *vingt jours* qui précéderont les élections, les *circulaires et professions de foi signées des candidats* pourront, après dépôt au parquet du procureur de la république, être affichées et distribuées sans autorisation de l'autorité municipale. »

La liberté de la distribution se réduit limitativement dans cet article aux circulaires et aux professions de foi signées et déposées. On ne veut pas aller plus loin. Le rapport de M. de Chasseloup-Laubat ne laisse aucun doute à cet égard.

« Nous croyons en effet, dit le rapporteur, après avoir approuvé au nom de la commission l'abrogation de la loi du 21 avril 1849, que la liberté, la sincérité des élections n'ont pas plus à gagner au colportage, à l'affichage de certains écrits, qu'à l'ouverture des clubs ; et de même que vous n'avez pas voulu, sous prétexte de réunions électorales, autoriser ceux-ci, de même, sous prétexte de répandre la lumière sur le mérite des candidats, vous ne voudrez point laisser sans garantie une carrière illimitée aux écrits les plus capables d'exciter les passions, et d'entourer même de ténèbres et d'erreurs les choix qu'ils voudront imposer.

« Les journaux ont des moyens réguliers et rapides de distribution ; et quant aux *circulaires électorales*, aux *professions de foi*, comme on les appelle, il est bien entendu que, *signées par leurs auteurs, déposées au parquet du procureur de la république*, comme l'exige la loi, elles continueront à pouvoir être distribuées comme elles le sont aujourd'hui (2). »

____

(1) Séance du 21 mars 1850.
(2) Séance du 29 juin 1850.

Voilà ce qu'a voulu la commission et après elle l'Assemblée. Voici, non moins clairement, ce qu'elles n'ont pas voulu :

M. Sautayra, ne se méprenant pas sur le profond intervalle qui sépare la disposition nouvelle et l'article 2 de la loi du 21 avril 1849, propose un amendement qui n'est autre chose que la reproduction de ce dernier article, *dans sa partie la plus mauvaise*, selon les expressions de M. le ministre de la justice interrompant l'auteur de la proposition.

L'amendement est rejeté (1).

Voilà l'exception relative aux élections nettement déterminée et réduite à des termes précis. Voilà, ne l'oublions pas, les *sages limites* annoncées ou plutôt souhaitées par M. Combarel de Leyval, dans la discussion de la loi du 27 juillet 1849, au moment même où il proclamait les abus de la disposition excessive de la loi du 21 avril, aujourd'hui abrogée.

Vous connaissez maintenant, messieurs, si je puis me servir de cette expression, l'histoire de ces discussions législatives au sein desquelles j'ai été forcé de vous ramener et sur lesquelles l'arrêt attaqué croit à tort pouvoir fonder son système. Vous savez que ce n'est ni par omission ni par inadvertance que le législateur n'a pas maintenu l'immunité de la distribution, pendant la période électorale *à tous les écrits relatifs aux élections;* que ces mots, textuellement insérés dans la loi du 21 avril 1849, ont été volontairement et intentionnellement repoussés, en 1849 et en 1850, comme une source d'abus et de dangers. Vous en avez eu la preuve manifeste et évidente par le rejet de trois amendements tombant successivement les uns sur les autres.

La cause se réduit et se simplifie. La question se concentre désormais sur deux articles de loi : L'article 6 de la loi du 27 juillet 1849 ; l'article 10 de la loi du 16 juillet 1850. Le premier de ces articles pose le principe : Tout distributeur d'écrits quelconques doit se pourvoir d'une autorisation. L'article 10 de la loi du 16 juillet 1850 admet une exception et en fixe les limites : Pendant les vingt jours qui précèdent les élections législatives, les circulaires et les professions de foi des candidats peuvent être distribuées, sans autorisation, à la double condition d'être signées et d'avoir été déposées au parquet.

---

(1) Séance du 10 juillet 1850.

Pour moi, je ne sais si je m'abuse, mais je crois pouvoir affirmer que quiconque se livrera, comme je viens de le faire en votre présence et avec vous, à cette étude consciencieuse et approfondie des lois qu'il s'agit d'appliquer, arrivera nécessairement et inévitablement à cette conclusion qu'en matière d'élections il n'y a de dispense d'autorisation que pour « les circulaires et les professions de foi des candidats, signées et déposées au parquet. »

On conçoit parfaitement, en effet, que la loi accorde aux écrits, par lesquels un candidat se présente ouvertement et loyalement aux suffrages de ses concitoyens, une liberté qu'elle refuse à des écrits que personne n'avoue et dans lesquels peuvent, par cela même, se traduire les manœuvres les plus ténébreuses et les plus suspectes. Pour que la liberté électorale soit satisfaite et sérieusement sauvegardée, il suffit, d'une part, que toutes les candidatures puissent se produire et se faire connaître au pays, sous leur responsabilité; d'autre part, que tout électeur ait le droit d'exercer librement son choix et de déposer, comme il l'entend, pour le candidat de son choix, quel qu'il soit, son vote dans l'urne électorale. La liberté des élections n'exige rien au delà.

Ce point expliqué, où est donc l'intérêt public qui déterminerait à admettre, en dehors des termes impérieux de la loi, la circulation, sans autorisation, de ces listes de candidats ou de ces bulletins électoraux que des partis, qui se cachent, font clandestinement imprimer au dehors, répandent à profusion, à un moment donné, et imposent au choix des électeurs surpris ? Où donc est la raison d'accorder un tel privilége à des influences qui ne font connaître ni leurs moyens, ni leur but ? Est-ce que nos lois électorales n'ont pas établi des incapacités et des indignités (1) ? Est-ce que, comme le dit l'arrêt rendu au rapport de M. Vaïsse, à ce point de vue déjà, l'administration n'a pas un droit et un devoir de surveillance ? Est-ce que, sous un autre rapport, à l'aide de trente-deux noms, comme dans la cause, ou même, en certains cas, à l'aide d'un seul nom, il ne serait pas possible, dans un moment où tous les esprits sont plus ou moins livrés à cette excitation politique dont parlait M. Odilon Barrot, de faire un

---

(1) Décret du 2 février 1852, art. 15 et 16. — Loi du 5 mai 1855, art. 42.

appel à l'anarchie ou à la révolte et de créer, autour d'un collège électoral, le foyer de l'émeute et de la guerre civile? Est-ce qu'à l'aide de rapprochements perfides et factieux, on n'arriverait pas à combiner une liste contenant des outrages ou des offenses envers ce qu'il y a de plus respectable et de plus respecté ? Est-ce qu'il n'y a pas là, en définitive, tous les caractères et tous les dangers que nos lois ont entendu surveiller et réprimer, dans toutes les manifestations extérieures de la pensée de l'homme ? Ce n'est pas seulement le droit, c'est le devoir de l'administration de parer, sous sa responsabilité, à l'éventualité de tels dangers et de tels scandales. J'ai parlé de la responsabilité de l'administration, parce que, comme le disait M. Persil, en 1834, il y a là une garantie dont il est impossible de méconnaître l'importance et l'autorité. Il faut en effet, messieurs, aller au fond des choses et sortir des grands mots et des vaines théories , il faut oser dire ce qui est juste et vrai. Le gouvernement et l'administration d'un pays comme la France ne sacrifient pas à de téméraires et arbitraires caprices les devoirs d'une responsabilité qui engage leur conscience, leur honneur et jusqu'à leur avenir politique. Leur mission est à la fois de protéger et de faciliter l'exercice régulier, légitime, des droits reconnus par la constitution et par les lois, et de s'opposer, avec une intelligente énergie, à tout ce qui, sous un masque ou sous un autre, menacerait le repos public ou la vraie liberté du pays.

Pour rentrer dans la cause, les listes de candidats distribuées par Brun et Palun n'avaient aucun droit au bénéfice de l'article 10 de la loi du 16 juillet 1850, par cela seul qu'elles n'étaient ni des circulaires de candidats, ni des professions de foi présentant la double garantie de la signature et du dépôt au parquet.

Il y a plus, et c'est un second point qu'il ne m'est pas permis de passer sous silence, bien qu'il ne constitue, à vrai dire, que le petit côté de la question, l'article dont il s'agit ne s'applique pas aux élections municipales.

L'art. 2 de la loi du 21 avril 1849, qui dispensait d'autorisation la distribution d'écrits relatifs aux élections, ne concernait, vous l'avez vu, que les élections parlementaires ou législatives.

Votre jurisprudence a constamment maintenu , entre les élections législatives et les élections communales, départementales ou autres, une séparation qui est dans le texte et dans l'esprit des lois spéciales à chacune de ces élections (1).

L'art. 10 de la loi du 16 juillet 1850, qui a entendu restrein-
dre les dispositions de l'art. 2 de la loi du 21 avril 1849, ne
peut évidemment pas avoir une portée plus étendue que ce
dernier article. Toute la discussion démontre qu'il n'a jamais
eu en vue que les élections législatives. Il en porte lui-même,
dans une de ses dispositions, la trace et la preuve positives.
Le délai de vingt jours qui a été substitué, sur un amendement de M. de Montigny, au délai de dix jours, proposé par la
commission, est précisément le délai que les lois électorales
des 19 avril 1831, 15 mars 1849 et 2 février 1852 exigent entre l'arrêté de convocation du collége et l'ouverture du collége.
Ce délai n'est nullement prescrit par les lois relatives aux
élections municipales et départementales, et l'exception créée
par l'art. 10 de la loi du 16 juillet 1850 manquerait, sous ce
rapport, de base et de raison d'être à l'égard de ces élections.

Ainsi, à quelque point de vue qu'on se place, l'art. 10 de
la loi du 16 juillet 1850 était inapplicable à la distribution
des listes de candidats relatives aux élections municipales
d'Avignon.

L'exception écartée, le principe de l'art. 6 de la loi du 27
juillet 1849 reprenait son empire nécessaire et absolu.

La Cour d'Aix a méconnu et violé les dispositions de cet article.

Nous vous demandons la cassation de son arrêt.

ARRÊT.

« Ouï M. le conseiller Glandaz en son rapport, Mes Costa et
Cuënot, avocats de Palun et Brun, en leurs observations, M. le
procureur-général de Royer en ses conclusions ;

« La Cour, vidant son délibéré, vu les articles 6 de la loi
du 27 juillet 1849, 408 et 413 du Code d'instruction criminelle ;

« Attendu qu'il résulte, en fait, d'un jugement rendu par

---

(1) 12 janvier 1850, arr. cass.; 14 février 1851, C. cass.
rapp. M. Faustin Hélie; 2 mars 1850, arr. cass., rapp. M. Faustin Hélie; 9 janvier 1851, C. cass., règl. de juges, rapp.
M. Dehaussy, B. cr.

le Tribunal correctionnel d'Avignon, le 25 juillet 1855, et d'un arrêt de la Cour impériale d'Aix du 28 décembre suivant. confirmatif de ce jugement, que Brun et Palun ont, le 13 juillet 1855, distribué dans la ville d'Avignon, sans autorisation du préfet, des listes imprimées portant ce titre : *Candidats à l'élection pour le conseil municipal d'Avignon*;

« Qu'ils ont été renvoyés des fins de la poursuite par le motif que l'article 6 de la loi du 27 juillet 1849 ne s'appliquait pas aux faits prouvés contre eux ;

« Attendu, en droit, que la disposition générale de cet article n'est pas limitée, comme celle des lois antérieures sur le colportage, aux individus en faisant métier ou profession, mais s'étend à tout colporteur ou distributeur de livres, écrits, brochures, gravures, lithographies, quels que soient sa qualité, son intérêt, le caractère accidentel ou non de la distribution ;

« Attendu, à un autre point de vue, que si le but principal de la loi du 27 juillet 1849 paraît avoir été de mettre un terme à la diffusion des petits écrits, pour atteindre plus sûrement ce but, l'article 6 soumet à l'autorisation des préfets la distribution de tous les écrits, quelles qu'en soient la forme ou l'étendue ; que dans les lois préventives, et notamment dans les lois sur le colportage, l'expression générique *écrits* a toujours été prise dans un sens large en rapport avec la nature de ces lois, dont le but ne serait pas atteint si elles n'étaient pas mises à portée de rechercher, même, sous les dehors les plus inoffensifs, le mal caché qu'elles se proposent, non de punir, mais d'arrêter à son origine ;

« Attendu qu'il est impossible de ne voir dans les listes de candidats à une élection que l'instrument matériel du vote ; que, dans la pensée de ceux qui les rédigent, comme dans les réalités du fait, elles sont surtout la manifestation d'une opinion, d'un vœu, manifestation adressée à l'intelligence des électeurs en vue d'éveiller leur sympathie, de diriger ou d'obtenir leurs suffrages ; que le candidat use sans doute d'un droit légitime auquel protection est due, mais que, dans l'exercice de ce droit, l'abus peut encore se glisser ; qu'en effet, chacun des noms ainsi publiés a sa valeur morale, sa signification politique ; que rien n'est plus facile, au moyen de certaines combinaisons, que de diriger contre des personnes portées sur ces listes sans leur participation, à leur insu ou contre leur gré, les imputations les plus offensantes et les plus

coupables; que la seule apparition, sur des listes répandues
en grand nombre et au loin, de certaines candidatures flétries
ou seulement défendues par la loi, pourrait, suivant les temps,
les lieux ou l'état des esprits, occasionner un scandale, un
trouble, peut-être même un péril public; que les dangers atta-
chés surtout aux distributions qui touchent non à des intérêts privés, mais à des intérêts d'ordre public et d'administration générale, sont précisément ceux que la loi a voulu
conjurer; qu'au point de vue de l'article 6 de la loi du 27
juillet 1849, une liste de candidats à une élection est donc un
écrit dont la distribution doit être soumise à l'autorisation du
préfet, à moins d'une exception formelle;

« Attendu que cette exception se trouvait, et encore sous
certaines conditions, dans la loi du 21 avril 1849 ; mais que
cette loi, qui d'ailleurs ne s'appliquait qu'aux élections parlementaires, a été abrogée par l'article 11 de la loi du 16
juillet 1850 ;

« Attendu, sans qu'il soit besoin d'examiner la question de
savoir si l'article 10 de cette dernière loi ne s'applique pas
exclusivement aux élections législatives, ou s'il serait possible d'étendre par analogie aux listes de candidats l'immunité
qu'il consacre en faveur des circulaires et professions de foi,
que le bénéfice de cette immunité ne pouvait dans aucun cas
être invoqué par les prévenus qui n'avaient pas rempli les
conditions de la loi, en signant et en déposant au parquet du
procureur impérial la liste distribuée par eux ;

« Attendu que les différentes lois sur les élections ne con-
tiennent aucune dérogation expresse ou même implicite au
principe absolu de la loi du 27 juillet 1849 ;

« Attendu, enfin, que cette dérogation ne peut pas non plus
s'induire de la loi politique qui consacre le suffrage universel et la liberté des élections ; qu'il n'est point porté atteinte
à cette liberté par des précautions dont la nécessité a dû se
révéler, surtout sous l'empire d'un droit aussi étendu que le
suffrage universel ; que la distribution des listes de candidats n'est pas interdite, qu'elle est seulement soumise à une
surveillance qui ne doit pas être légèrement mise en suspi-
cion ; surveillance établie, non contre l'usage légitime, mais
contre l'abus du droit; que, d'ailleurs, en dehors des res-
sources extraordinaires du colportage, les électeurs et les candidats trouveront toujours dans les moyens de publicité, d'envoi ou même de distribution ordinaires, tels que les jour-

naux et la poste, indépendamment des franchises spéciales accordées par la loi du 16 juillet 1850 aux circulaires et professions de foi, des facilités suffisantes à l'effet d'entrer pleinement en communication les uns avec les autres, et de remplir, dans toute sa sincérité, le devoir public pour lequel ils auront été convoqués :

« Attendu, en conséquence, que la distinction admise par la Cour d'Aix n'était justifiée à aucun point de vue, et qu'en refusant d'appliquer à Brun et Palun l'article 6 de la loi du 27 juillet 1849, cette Cour en a formellement violé la disposition ;

« Casse et annule l'arrêt de la Cour impériale d'Aix, du 28 décembre 1855 ;

« Pour être statué, conformément à la loi, sur l'appel émis par M. le procureur impérial près le Tribunal d'Avignon, du jugement rendu par la chambre correctionnelle de ce Tribunal le 25 juillet 1855 ; renvoie la cause et les parties devant la Cour impériale de Montpellier ;

« Ordonne qu'à la diligence de M. le procureur général à la Cour de cassation, le présent arrêt sera imprimé et transcrit sur les registres de la Cour impériale d'Aix, en marge de l'arrêt attaqué.

« Ainsi jugé, etc. »

Imprimerie de A. GUYOT et SCRIBE, rue Neuve-des-Mathurins, 18.